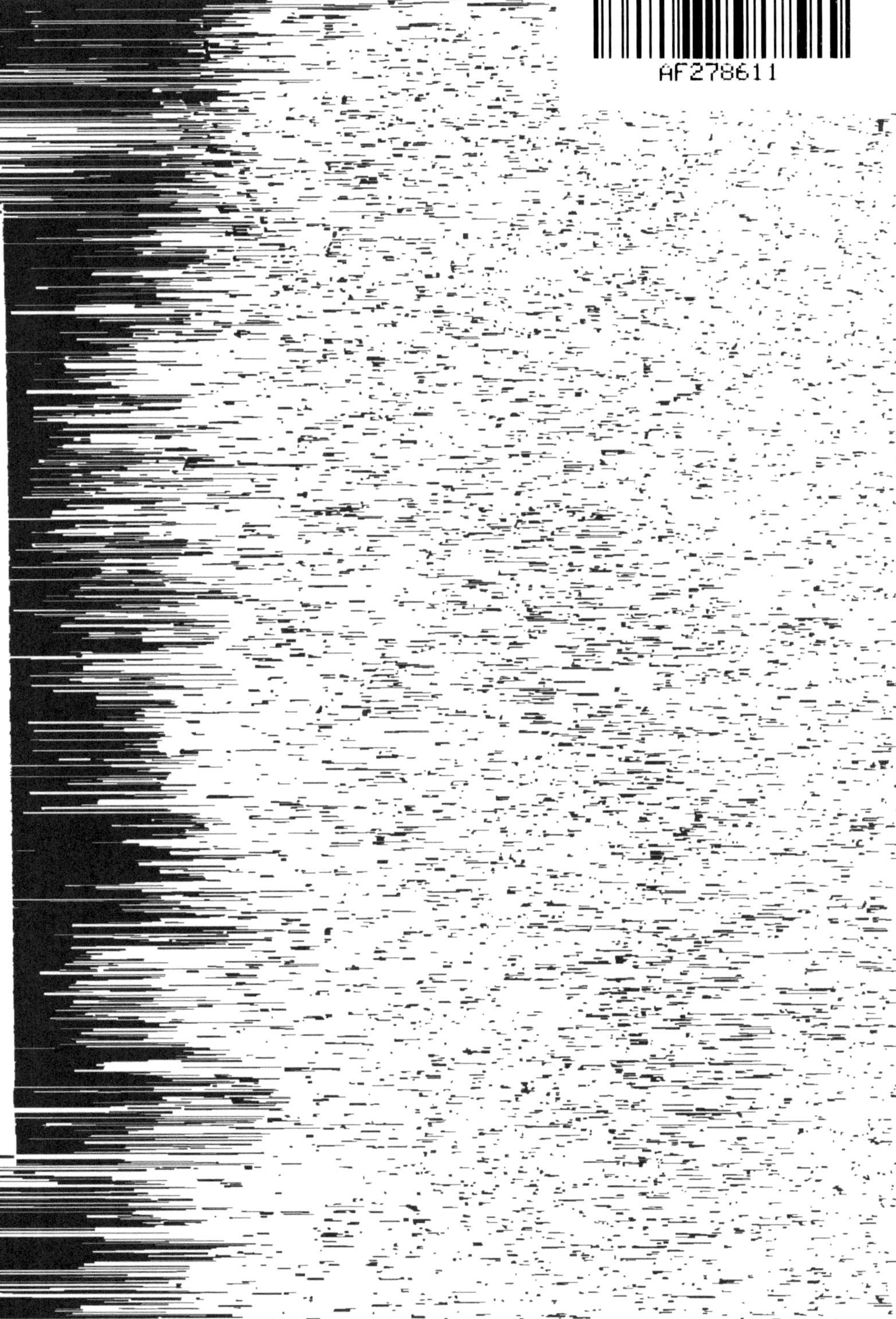

AF278611

L'ESPAGNE

ET L'ANGLETERRE

EN 1588

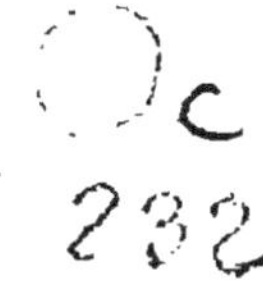

JULES THIEURY

L'ESPAGNE

ET L'ANGLETERRE

EN 1588

CAMPAGNE DE L'ARMADA

DOCUMENTS NOUVEAUX

PARIS

CHEZ AUGUSTE AUBRY

L'UN DES LIBRAIRES DE LA SOCIÉTÉ DES BIBLIOPHILES FRANÇOIS

RUE DAUPHINE 16

M. D. CCC. LX

A SA MAJESTÉ

LE

ROI D'ESPAGNE

SIRE,

TOUT *ce qui peut intéresser la Gloire de l'Espagne est cher à Votre Majesté. — C'est parce que j'en ai la certitude que je prends la liberté de lui dédier les recherches historiques que je viens de faire à la suite de la découverte d'une lettre trouvée par moi à Dieppe.*

Cette lettre prouve que la Providence seule, et non l'Angleterre, a anéanti l'Armada de Philippe II. Les historiens ont prétendu jusqu'à ce jour que toutes les rencontres qui précédèrent la funeste tempête furent fatales à l'Espagne; je viens établir le contraire, et j'en fournis la preuve.

J'espère que Votre Majesté voudra bien accueillir favorablement ces recherches, et que le bruit des exploits des modernes Campeadors ne couvrira pas, sous le règne de la Glorieuse Épouse de Votre Majesté, la voix de l'histoire vengeresse de leurs aïeux.

Daignez agréer, SIRE, l'hommage des sentiments de profond respect avec lesquels je suis,

DE VOTRE MAJESTÉ,

le très-humble et très-obéissant serviteur,

Jules THIEURY.

L'ESPAGNE

ET L'ANGLETERRE

EN 1588

L'ESPAGNE

ET L'ANGLETERRE

EN 1588

—

DE toutes les jouissances réservées à l'ar-
chéologue et au bibliophile, il n'en est pas
de plus douce que celle qui consiste à
révéler à eux-mêmes les peuples et les nations, en
faisant revivre leur passé qu'ils s'affligeaient de
voir pour toujours endormi dans la tombe.

De tous les peuples et de toutes les nations, le
peuple espagnol, la nation du Cid, a particulière-
ment excité chez moi le désir de cette jouissance,
et je ne suis jamais plus heureux que lorsque je
puis découvrir dans la masse des manuscrits que
je compulse incessamment des actes intéressant sa
gloire.

En bouquinant un jour à Dieppe, je trouvai une

plaquette petit in-12 de dix-sept pages dont le titre rigoureusement copié se trouve ci-après.

Je consultai plusieurs histoires d'Espagne et d'Angleterre sans trouver aucune mention du fait consigné dans ce petit volume. Je m'étonnai de cette absence de documents, et mon esprit investigateur voulut aller plus loin. Je n'étais pas non plus fâché de savoir à quelle occasion les Anglais avaient essuyé une si bonne défaite. Je voulais savoir, je sais.

Le roi d'Espagne, Philippe II, avait fait équiper dans le port de Lisbonne une flotte formidable, surnommée l'*Invincible Armada*; cette expédition avait pour but de restaurer en Angleterre la foi catholique et de venger la mort de Marie Stuart, reine d'Ecosse. Ce crime énorme ordonné par une femme avait soulevé d'indignation toute la catholicité. On savait en effet que les protestants anglais en étaient les instigateurs, car ils se persuadaient que, si la reine d'Écosse montait une fois sur le trône, elle rétablirait bientôt la religion catholique dans ses États, et n'épargnerait rien pour détruire l'hérésie. Les manœuvres des partisans du protestantisme et la séduisante beauté de Marie Stuart suffirent dans l'esprit de la superbe Élisabeth pour décider la mort de sa cousine et rivale, qu'elle détestait surtout comme catholique. Cette Élisabeth se servit pour faire condamner la veuve de François II, roi de France, des moyens les plus infâmes, qui n'ont pu néanmoins enlever à sa malheureuse victime la sympathie de la postérité.

Plusieurs autres motifs avaient encore inspiré l'armement de l'*Invincible Armada* : elle était destinée à tirer raison des déprédations qu'un corsaire anglais, Francis Drake, avait commises sur des sujets du royaume d'Espagne, et à punir Élisabeth de l'appui qu'elle prêtait aux Pays-Bas révoltés. Philippe II voulait aussi faire valoir les droits qu'à plusieurs reprises Marie, prisonnière, lui avait légués sur l'Écosse et l'Angleterre; de plus il avait à se venger du dédain qu'Élisabeth avait fait de sa main; car, par ce refus, il perdait l'Angleterre qu'il croyait tenir à jamais du vivant de sa femme, Marie Tudor, morte en 1558.

La cause de Philippe II était juste et sainte; il avait toute la catholicité pour lui. Il voulut, avant la campagne, demander au pape des prières pour le succès de son ´entreprise. Tout se faisait en silence, mais les espions de l'Angleterre n'eurent ni pudeur ni retenue; ils se firent ouvrir les portes de la chambre papale, et en prirent eux-mêmes les clefs dans la poche du Saint-Père; alors fut connu le but d'un si grand armement.

Don Alvar Baza, marquis de Santa-Croce, devait commander la flotte; mais, au moment où il se disposait à mettre à la voile, Philippe II lui adressa un mot amer sur sa lenteur; le vieux et illustre marquis en fut suffoqué et, quelques heures après, il mourut des suites d'une attaque d'apoplexie foudroyante; alors le roi nomma pour le remplacer le duc de Medina Sidonia, issu d'une des plus grandes maisons d'Espagne, qui prit le commandement de l'armée à la place du marquis, et Alcarède fut fait vice-amiral.

Après ces malheureux retards, le duc, ayant mis à la voile au mois de juillet, essuya en sortant du port de Lisbonne une furieuse tempête qui dispersa les vaisseaux, submergea quelques-uns des plus petits, et força cette flotte, qui était partie pleine d'espérance et de joie, à se mettre à l'abri à la Corogne.

L'Armada étant réparée se mit en route : elle était composée de cent trente vaisseaux dont près de cent étaient des galions d'une grandeur beaucoup plus considérable qu'aucun de ceux dont on se fût jamais servi en Europe. Elle avait à bord dix-neuf mille deux cent quatre-vingt-quinze soldats et était montée par huit mille quatre cent cinquante-six matelots. On y comptait deux mille quatre-vingt-huit galériens et deux mille six cent trente gros canons de cuivre. Ses approvisionnements devaient durer six mois. A la suite venaient vingt caravelles ou petits navires, et dix salves, à six rames chacune, chargées de l'apothicairerie.

La flotte n'éprouva pas d'autre accident et ne tarda pas à doubler le cap Finistère (28 juillet); ce fut alors qu'eut lieu (4 août) cette rencontre qui est l'objet de la lettre dont nous avons parlé précédemment.

Voici cette lettre que nous avons copiée mot pour mot :

COPIE D'V-NE LETTRE ENVOYEE DE DIEPPE SVR LA REN-

contre des armées d'Espaigne
et d'Angleterre, et de la victoire obtenue par
les Espagnols.

Ensemble le nombre des-vaisseaux, prins par

lesdistz Espagnols, et ceux mis en fonds :

auec les noms des Capitaines.

Prinse sur la Copie imprimée à Paris.

A TOLOSE.

Par Iaques Colomiez.

1588.

COPPIE DVNE
LETTRE ENVOYEE

de Dieppe, sur la rencontre des armées :
d'Espaigne et d'Angletere, et
de la victoire obtenue par
les Espagnols.

* *
*

MONSIEVR,
d'autant que m'a-
uez fait ceste fa-
ueur, que de me
faire part de ce qui
s'est passé de memorable de par-
dela, ie n'ay voulu faillir de vous ad-
uertir incontinant, comme Ieudy

D ij

4

dernier, à six heures du matin, nous commencasmes d'ouyr vn grand tintamarre d'artillerie, qui sembloit n'estre loin de nostre ville, lequel dura iusques à deux heures de releuée : tellement qu'vn chacũ iugeoit auoir esté tiré plus de deux mille coups d'artillerie, ne se pouuoit faire qu'il ne se donnast quelque grãde bataille. Toutesfois nous ne voyons et ne descouurions rien sur mer Le Vẽdredy matin arriua la Patache du Capitaine Christofle : d'ou vn homme nous vint voir nous asseura, que l'armée d'Espaigne et d'Angleterre, estoient venues aux mains et que celle d'Es-

5

paigne, auoit emporté la victoire.
Sur le soir arriua vn passager, d'ou
nous eusmes aduis que l'armée
d'Espaigne auoit mis en fonds sei-
ze vaisseaux Anglois, prins trois
des principaux comme l'Admira-
le, et le residu en fuitte auec Drac,
le Samedy arriua sur le midy vn
bateau de la coste d'Angleterre,
d'ou nous eusmes le mesme aduis,
et que le Duc Medina Sidonia
auoit prins le port de Phamont,
port tres bon et ample, et en vn bõ
pays, ou il à faict descendre six à
sept mille soldats, et trente pieces
d'artillerie, pour cõme il à entendu
partir, pour aller ioindre le Prince

3

6

de Parme, et faire ailleurs vne des-
cente generalle. I'espere partir de-
main auec compagnie, pour aller
descouurir ce que i'ay entendu, cõ-
bien que ie le tienne pour trescer-
tain et veritable. Toutefois apprenant les autres particuliaritez et
comme le tout sera passé, m'assu-
rant que serez tres-joieux de les en
tendre, ie ne faudray de vous en faire participant à mon retour.

A tant je prieray DIEV.

MONSIEVR,

Qu'il vous tienne tousiours en
bonne santé, et toute vostre famille
me recommandant à voz bonnes

7

graces.   *De Dieppe ce 7. jour d'Aoust.*
Mil cinq cens quatre
vingts huict.

Par celuy qui vous est

SERVITEVR.

P. LEGOVX.

I E vous remercie du vray Discours de l'ar-
mée d'Espaigne, ou i'ay veu le bel ordre d'i-
celle, quand elle est sortie de Lis-bone : com-
bien qu'vn mien amy me l'eust ja cõmuniqué
en Espaignol, Imprimé à Madril, mais i'ay esté
plus content de la voir en François, Imprimé
à Paris.

Vers le 15 août, l'ambassadeur d'Espagne en France, Mendoça, qu'Élisabeth avait chassé brutalement de Londres en 1584, croyait fermement, d'après la lecture de la lettre susmentionnée, à la victoire complète de l'Armada; il partit en poste pour Chartres, et son premier soin fut d'aller à l'église cathédrale remercier la Vierge Marie; puis il se rendit à l'archevêché où logeait le roi, criant avec un orgueil tout castillan et une joie bien naturelle aux gentilshommes qu'il rencontrait : « *Victoria ! Victoria !* » Il entra chez le roi et lui montra la lettre en question qui lui était arrivée de Dieppe ; mais le roi tenait dans ses mains une autre lettre qui arrivait à l'instant même et qui relatait la défaite de l'*Invincible Armada*..... Mendoça n'en pouvait croire ses yeux; il fallut que le roi, pour le convaincre, lui fît voir deux ou trois cents forçats turcs d'un vaisseau castillan, échoué à Calais, qu'on venait de lui envoyer.

Voici ce qui s'était passé depuis la date de notre lettre, et ce que ne connaissait pas encore l'ambassadeur quand il se présentait au roi de France.

Le 4 août, action très-vive, combat à coups de canon à cent cinquante pas. D'après tous les historiens, les Espagnols auraient été battus, mais le document que nous avons remis au jour prouve le contraire. Nous devons noter ici une particularité intéressante et pour l'Espagne et pour la Normandie : un galion de Biscaye, le *Calvados*, s'en alla à la dérive et vint se briser sur des rochers d'une côte de Normandie à laquelle il donna son nom.

Dans la nuit du 7 au 8 août, le flibustier Drake mit le désordre dans la flotte espagnole au moyen de huit mauvais vaisseaux remplis de poudre et de ferraille auxquels il avait mis le feu et qu'il poussa dans l'Armada, qui, toute épouvantée, leva l'ancre et gagna la haute mer au milieu des ténèbres en subissant des dommages incalculables; puis, quelques jours après, au-delà des Orkneys, une effroyable tempête acheva le désastre. Bref, quatre-vingt-un vaisseaux et quatorze mille soldats périrent dans ces jours néfastes pour l'Espagne. C'était la défaite de la catholicité.

En apprenant cette nouvelle, Philippe II se contenta de dire : — « J'avais envoyé combattre les Anglais et non les tempêtes; que la volonté de Dieu soit faite! » paroles sublimes, qui suffiraient seules à immortaliser un prince : puis il fit ordonner dans tous ses États des prières pour remercier le Ciel de ce que quelques vaisseaux avaient échappé au désastre.

Nous nous garderions d'oublier de citer ces paroles mémorables qu'il écrivit au pape : « Saint-Père, tant que je resterai maître de la source, je regarderai comme peu de chose la perte d'un ruisseau; je remercie l'Arbitre suprême des empires, qui m'a donné le pouvoir de réparer aisément un malheur que mes ennemis ne doivent attribuer qu'aux éléments qui ont combattu pour eux. »

Un célèbre historien espagnol, le Père Mariana, a fait de singulières réflexions sur cette triste affaire :

« C'est ainsi qu'une puissance supérieure prend
« plaisir à renverser et à dissiper dans un moment
« les vains projets des hommes ! Il est certain que
« la meilleure partie et la fleur de la vieille milice
« espagnole périt dans cette entreprise. Le nombre
« et l'énormité des crimes de notre nation méritait
« que le bras de Dieu s'appesantît sur elle par
« quelque châtiment capable de la faire rentrer
« dans elle-même. »

Voilà certes une étrange oraison funèbre sur la tombe de quatorze mille soldats !

Maintenant que nous venons de répandre la lumière sur une des phases de cet événement mémorable, analysons cette lettre qui nous sert à établir un fait si important dans l'histoire.

Ces *diverses dates* indiquées par des *jours nommés*, ces *divers passagers* que l'on désigne si *distinctement*, ces *renseignements si précis*, tout concourt dans cette lettre à montrer qu'elle n'est pas apocryphe. — A qui maintenant cette lettre peut-elle avoir été adressée si ce n'est à l'ambassadeur Mendoça? Je viens d'établir précédemment que, lorsqu'il se rendit chez le roi, il avait dans les mains une lettre qui le remplissait de joie; j'ai même avancé que cette lettre devait être la nôtre, et je persiste à le déclarer ; car l'histoire ne fournit aucun autre document à l'appui d'un triomphe, même partiel, de la fameuse Armada. L'objection qu'on aurait à nous faire ici serait le titre de *monsieur* donné à un ambassadeur d'une puissante nation, mais nous répondrons que l'ambassadeur voulait peut-être que les lettres renfermant des renseignements politiques lui fussent adressées ainsi ; et, de plus, nous avons d'ailleurs pour nous la dernière phrase, qui certes ne peut être adressée qu'à un grand seigneur : « *Me recommandant à vos bonnes grâces.* »

IMPRIMÉ PAR A. HÉRISSEY

A EVREUX

LE XXX AVRIL M D CCC LX

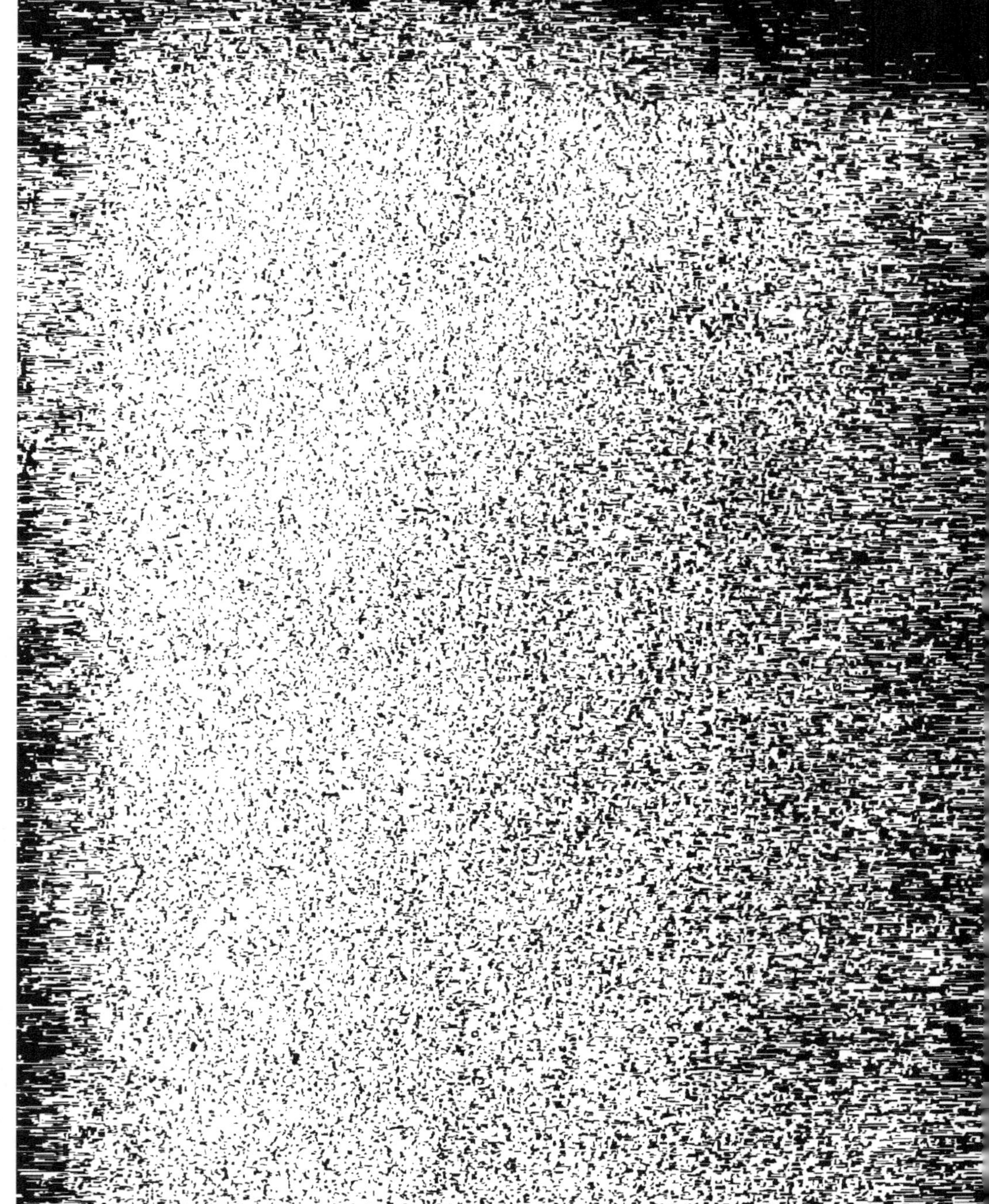